DE LA LOCALITÉ CONVENABLE

A

L'ENTREPOT DE PARIS,

PAR RAPPORT

A L'ÉCONOMIE DU TRANSPORT

ET A LA NAVIGATION DE LA SEINE MARITIME.

ROUEN,

IMPRIMERIE DE NICÉTAS PÉRIAUX,
RUE DE LA VICOMTÉ, N° 55.

—

1832.

DE LA LOCALITÉ CONVENABLE

A

L'ENTREPÔT DE PARIS,

PAR RAPPORT

A L'ÉCONOMIE DU TRANSPORT

ET A LA NAVIGATION DE LA SEINE MARITIME.

La création prochaine de l'Entrepôt de Paris attire en ce moment l'attention des Commerçants éclairés et de toutes les personnes intéressées à la solution de cette importante question. Chacun s'est demandé quelle serait la localité la plus convenable pour l'établir ; des Mémoires ont été produits à ce sujet.

Il appartient surtout aux Navigateurs de la Seine maritime d'examiner une question qui se trouve inévitablement liée avec la navigation par la voie de laquelle se transporte la masse des marchandises destinées à l'Entrepôt. Leur position les rend aptes à apprécier l'influence que les lieux proposés pourraient exercer sur le prix du transport, et par suite sur tout le système économique de l'Entrepôt de Paris.

Le choix du Gouvernement paraît devoir se renfermer dans un petit nombre d'emplacements, qui, au premier abord, semblent réunir une partie des conditions nécessaires pour l'établissement d'un Entrepôt; ce sont les GRENIERS DE RÉSERVE, le BASSIN DE LA VILLETTE, la GARE DE GRENELLE, et la GARE DE SAINT-OUEN. C'est, par conséquent, surtout la convenance du choix de chacune de ces localités qu'il s'agit d'apprécier et de mettre dans la balance de l'intérêt général.

Nous n'hésitons pas à le déclarer dès le premier mot; il n'est pas un seul de ces emplacements qui réunisse toutes les conditions nécessaires. La plupart, au contraire, présentent des difficultés insurmontables.

Avant de discuter séparément la convenance particulière de chacun des lieux proposés pour le siége de l'Entrepôt, il faut rappeler quelques principes qui ne peuvent être contestés sur les difficultés que présente la question et sur les intérêts qu'il faut concilier dans la solution qu'elle devra recevoir.

Ce qu'il faut de toute nécessité envisager avant tout, dans la position de l'Entrepôt à établir, c'est, d'une part, l'économie du transport, c'est, d'autre part, la proximité du centre du négoce.

Ces deux intérêts semblent difficiles à satisfaire à la fois, car le centre du négoce de Paris se trouve précisément dans la partie de la ville (les faubourgs Poissonnière et Montmartre) la plus éloignée du fleuve, qui est incontestablement la voie de transport la plus économique. Ainsi, se rapprocher du centre du négoce, c'est augmenter les frais de transport, et se rapprocher du point de débarquement, c'est s'éloigner du centre du négoce.

Il faut donc s'attacher, non pas à satisfaire également ces deux intérêts (ce qui paraît impossible), mais à les concilier autant qu'il est possible, en faisant fléchir en partie celui qui paraîtra le moins impérieux.

Ainsi, cet emplacement devra mériter la préférence, qui réunira, non pas toutes les nécessités du programme, mais qui remplira le mieux les conditions les plus indispensables.

Cela posé, examinons rapidement les prétendus avantages et les inconvénients réels que présente chacun des quatre emplacements proposés:

1° LES GRENIERS DE RÉSERVE!... On se demande, au premier abord, comment l'idée d'un pareil choix a pu naître dans l'esprit de quelqu'un ; comment un lieu situé à l'extrémité de Paris la plus opposée au côté d'arrivage de la marchandise, a pu être précisément indiqué comme Entrepôt de marchandise. On serait tenté d'abord de s'imaginer que cette proposition est l'œuvre d'un mauvais plaisant qui aurait dit : je veux découvrir, pour l'établissement de l'Entrepôt, un lieu où la marchandise ne parvienne que par la voie la plus lente, la plus dispendieuse et la plus difficile. La route des arrivages est au *Nord*; je propose de placer l'Entrepôt le plus au *Sud* qu'il est possible. Si telle eût été la pensée de ceux qui ont proposé les greniers de réserve, il est hors de doute que l'emplacement qu'ils désignent atteindrait parfaitement leur but.

Mais une objection spécieuse aux yeux de bien des gens fait disparaître le ridicule de cette proposition. Les greniers de réserve, dit-on, sont accessibles par les canaux de St-Martin et de St-Denis. Si la route nautique est la moins dispendieuse, les transports doivent s'y faire avec économie; c'est-à-dire que la compagnie des canaux serait intéressée à ce qu'on choisît une voie qui rendît l'usage des canaux indispensable. Voilà le vrai et seul motif qui a pu faire proposer les greniers de réserve. C'est donc aux partisans des canaux qu'il faut répondre sur ce point.

Nous pourrions leur objecter d'abord les inconvénients généraux, communs à tous les canaux quels qu'ils soient, tels que les interruptions totales de navigation pendant une grande partie de l'année, en hiver par les gelées, en été par les réparations annuelles. Or, signaler un inconvénient qui rendrait inabordable l'Entrepôt de Paris un quart de l'année, serait une réponse suffisante à la proposition des greniers d'abondance.

Mais les canaux St-Denis et St-Martin présentent, par eux-mêmes, tant et de si irrémédiables difficultés qui leur sont particulières, que nous n'avons pas besoin de nous réfugier dans des considérations générales.

I.

Qu'est-ce que les canaux Saint-Denis et Saint-Martin? quel rôle jouent-ils dans le système du Commerce de Paris ?

Les canaux de Saint-Denis et Saint-Martin n'ont jamais été qu'une mesquine conception de rapiécetage, sans combinaison avec les besoins du Commerce intérieur ou extérieur.

Du trop-plein d'un aqueduc spécialement destiné aux besoins et à la salubrité d'une cité populeuse, on a imaginé de former un petit canal de navigation, sans se rendre un compte bien exact du genre de navigation qui pouvait s'y établir ; et les eaux de l'aqueduc de l'Ourcq ont servi à arroser la plaine Saint-Denis.

Puis on a estimé qu'il restait encore trop d'eau dans le réservoir de la ville de Paris, et l'on a ouvert une nouvelle branche de canal qui va décharger le toujours surabondant aqueduc de l'Ourcq dans les fossés de la Bastille.

Il ne nous appartient pas de rechercher ce que la plaine Saint-Denis, le réservoir de la Villette et les vieux fossés de la ville ont gagné à tous ces raccordements, à toutes ces constructions monumentales d'occasion ; mais il nous appartient de remarquer que le commerce et la navigation n'y ont trouvé aucun moyen d'opérer leurs transports d'une manière plus avantageuse que les anciennes voies ; et l'avantage est évidemment resté à celles-ci, puisque le commerce de Paris et les mariniers ont continué, comme par le passé, comme depuis douze à quinze cents ans, à prendre pour point d'arrivage le *Port Saint-Nicolas*.

Qu'on n'imagine pas que la répugnance du commerce pour les canaux provient du préjugé ou de l'esprit de routine ; c'est, au contraire, le fruit d'un intérêt bien entendu, d'une convenance mûrement calculée. Les petits bateaux appropriés aux dimensions exiguës des canaux Saint-Denis et Saint-Martin, ne pourront jamais établir le prix du transport à un taux aussi économique que celui des grands bateaux qui débarquent aux anciens ports de Paris. C'est un résultat inévitable de la différence qui existe entre la grande et la petite navigation.

Or, la différence est considérable. D'après les calculs d'une entreprise

5

qui a construit exprès ses bateaux pour qu'ils fussent propres aux transports du Havre à Paris, et aux canaux de Saint-Denis et Saint-Martin, le prix du transport dans la seule distance de Rouen à Paris doit être pour eux de 4 f. de plus par tonneau que le prix perçu par les entreprises des grands bateaux débarquant aux anciens ports de Paris. Il serait facile d'établir qu'à bien compter la différence réelle est de plus de 8 fr.; mais, supposons qu'elle ne soit que de 4 fr. : c'est le tiers du prix ordinaire (terme moyen) demandé par les entrepreneurs de grands bateaux, pour le transport des marchandises de Rouen à Paris. Dans la distance du Havre à Rouen, la proportion n'est pas moindre. Il est donc impossible que les bateaux construits pour les canaux établissent le fret à aussi bon marché que les autres, et le commerçant, qui a besoin par-dessus tout d'économie, refusera toujours de fréquenter une route qui augmente les frais.

Ainsi, placer l'Entrepôt dans un lieu qui ne serait accessible que par la voie des canaux, ce serait sacrifier l'intérêt du commerce à l'intérêt d'une compagnie, en augmentant d'un tiers le prix du transport des marchandises, augmentation que le commerçant devrait commencer par prélever sur des bénéfices aujourd'hui si restreints et si éventuels, pour la verser dans la caisse d'une société de capitalistes.

Il y a plus, ce n'est pas d'après l'état actuel du tarif des droits perçus par la compagnie des canaux qu'il faut apprécier l'augmentation des frais de transport que devrait subir le commerce.

On sait que la compagnie s'est fait concéder un péage si élevé, qu'elle a été obligée elle-même de consentir une réduction de plus de moitié, pour obtenir le passage des bateaux de Bercy et de la Rapée. La concession de la compagnie lui accorde un droit de 4 fr. 20 c. par tonneau : elle a consenti à ne recevoir que 1 fr. par tonneau.

Mais, si la concurrence l'a soumise à cette réduction forcée, le monopole lui rendrait toute l'exagération de ses prétentions premières. Qu'une fois un Entrepôt soit établi, auquel on ne puisse accéder que par son intermédiaire, elle n'aura plus la main forcée par une utile concurrence; elle ne sentira plus l'impérieuse nécessité de réduire ses droits, et la marchandise devra payer une surcharge, 1° pour droits de canaux, 3 fr. 20 c.; 2° pour différence de la petite sur la grande navigation, 4 fr.; ensemble, 7 fr. 20 c.

Et, encore une fois, dans quel intérêt cette augmentation si préjudiciable au commerce? pour le profit singulier de la compagnie des canaux.

La voie du transport par terre serait bien préférable à une voie nautique de cette espèce. Il est reconnu que des quais Saint-Nicolas, d'Orsay, etc., lieux ordinaires de débarquement des ports de Paris, la marchandise peut être transportée aux extrémités de la ville pour 2 fr. par tonneau. Par les canaux, l'augmentation serait toujours de plus de 7 fr.

Il n'y a donc pas d'emplacement moins convenable que les greniers de réserve. En quelque lieu que soit placé l'Entrepôt, il sera mieux situé que dans un lieu seulement accessible par les canaux de Saint-Denis et Saint-Martin. Qu'on l'éloigne de la rivière, qu'on l'isole du centre du commerce, tous ces inconvénients seront susceptibles d'être rachetés si les charrettes peuvent y accéder; mais, imposer au négociant l'obligation de suivre malgré lui la voie dispendieuse des canaux, ce serait mettre le commerce à la discrétion d'une compagnie, préférer l'intérêt de quelques-uns à l'intérêt de tous. Un gouvernement étranger à toute impulsion de coterie, et vigilant à protéger les besoins généraux, ne saurait admettre une proposition dont tel serait le résultat.

Les greniers de réserve ne peuvent donc pas avoir de chance de succès.

2° LE BASSIN DE LA VILLETTE!..... La question de la convenance de cette localité est déjà préjugée par les considérations que nous venons d'indiquer. C'est encore la voie des canaux qu'il faudrait inévitablement suivre pour y arriver. C'est le même système, présenté sous deux formes différentes. Mais, de plus, n'y a-t-il pas quelque chose de bien ridicule dans cette assimilation que l'on paraît vouloir faire sans cesse du réservoir de l'Ourcq et des fossés de la Bastille avec les docks de Londres. Nos voisins d'outremer se sont-ils jamais imaginés de fixer le centre de leur commerce dans les aqueducs ou les égoûts de leur capitale, ou d'aller prendre l'eau potable de leur population dans les lavures des milliers de bâtiments qui affluent à l'Entrepôt central d'un état riche et puissant? Vouloir transformer le réservoir de la Villette en dock parisien, n'est-ce pas avoir la prétention de montrer l'image d'un port de mer dans un verre d'eau?

Qu'on cesse donc de s'arrêter à l'idée de placer l'Entrepôt de Paris dans la dépendance des deux branches parasites de l'aqueduc de l'Ourcq. La question de leur utilité est depuis long-temps jugée par la répugnance que le commerce a toujours montrée à s'en servir. Cette décision, émanée de l'expérience et consacrée par le temps, n'est pas de celles dont on puisse appeler. On espérerait en vain de la faire réformer à l'aide du titre pompeux de canal des Deux-Seines ; le bon sens public comprend aujourd'hui que les mots sonores ne couvent pas le vice des choses, et qu'il ne servirait à rien aux parisiens d'avoir sous les yeux la caricature du canal des Deux-Mers.

3° LA GARE DE GRENELLE..... Que les fondateurs et les actionnaires de cette entreprise aient été dirigés, dans cette création, par des vues vastes et de profondes conceptions, cela est possible; mais, qu'ils aient consulté les besoins actuels du commerce, et qu'ils aient fondé un établissement approprié à ses besoins, le contraire résulte de la position où ils se trouvent aujourd'hui, et de la nécessité qu'ils éprouvent de réclamer l'Entrepôt comme soulagement à leurs misères.

S'il s'agissait d'accorder une prime aux entreprises malheureuses, les actionnaires de la gare de Grenelle pourraient peut-être avec justesse réclamer une part d'indemnité; mais il s'agit de choisir un lieu convenable pour le siége d'un Entrepôt auquel se rattache le système commercial de toute la France, et le dernier sentiment qu'on devrait consulter serait une commisération mal entendue pour les malheurs privés d'une fausse spéculation.

A entendre les entrepreneurs de la gare de Grenelle, c'est encore un *dock* parisien qu'ils auraient construit.

La seule différence, c'est que le caractère de ce genre de construction nautique est d'offrir aux bâtiments un bassin, un abri contre les variations des fleuves ou des mers, où l'on n'ait pas à craindre qu'une crue subite enlève navires et cargaisons, où le niveau des eaux, constamment le même, toujours proportionné à l'élévation des quais, rend plus faciles les chargements et déchargements.

Pour arriver à ce résultat, les Anglais, puisque ce sont eux qu'on veut imiter, se sont bien gardés de construire les docks de Londres dans le lit de la Tamise. Ils ont laissé au fleuve le libre cours de ses eaux, et ont établi leurs bassins hors de son lit. A Grenelle, on a suivi un système tout contraire : c'est au milieu du fleuve qu'on s'est installé; c'est la moitié du fleuve qui forme un soi-disant dock, parce que, au moyen d'une estacade et d'une levée, on fait refluer les eaux dans un seul bras. A Grenelle, c'est dans le fleuve lui-même que les bateaux demeurent. Les crues ordinaires et les baisses d'eau élèvent ou abaissent les bâtiments trop ou trop peu par rapport au niveau des quais, et rendent difficile et dispendieuse l'opération du déchargement.

Dans la mauvaise saison, les crues extraordinaires et les débâcles des glaces présentent de bien plus graves inconvénients. Déjà les constructions de la gare de Grenelle n'ont-elles pas été emportées dans ces circonstances? et, quoi qu'en disent les entrepreneurs, toute forte débâcle produira néessairement le même effet. Et pourquoi? C'est que les spéculateurs de cette construction nautique n'ont pas assez tenu compte des irrégularités du cours d'eau sur lequel ils allaient édifier. Ils se sont persuadé que la rivière, dont ils ont détourné le cours naturel pour s'approprier l'ancien lit, serait toujours contenue dans le nouveau bras qu'ils lui ont ouvert, mais qui devient insuffisant dans les grandes crues et les fortes débâcles, pendant lesquelles la masse des eaux qu'il faut dégager s'augmente au décuple. Ils éprouveront plus d'une fois, comme déjà ils l'ont éprouvé, que, dans ces circonstances, tous leurs travaux seront impuissants, que les estacades les plus solides ne sauraient résister au torrent, et qu'avec leurs constructions seront enlevés les bateaux et les cargaisons qu'ils ont la prétention de protéger.

On a vanté les terrains insubmersibles de la gare de Grenelle.

Pour que les quais de Grenelle fussent insubmersibles, il faudrait que leur élévation fût de vingt-deux pieds au point de rapport des marques du Pont-Royal, c'est-à-dire de douze pieds de plus que les quais du port St-Nicolas, qui, à dix pieds, commencent à être couverts.

Or, la hauteur du port St-Nicolas, dans le temps des basses eaux, rend déjà dispendieux le débarquement. Le prix annuel accordé aux ouvriers est en raison des difficultés qu'ils éprouvent, tantôt par les crues d'eau qui les obligent à établir des chemins, tantôt par les baisses d'eau qui les forcent de tirer la marchandise d'une trop grande profondeur. Sans ces alternations, il serait facile de faire une économie de 25 centimes par tonneau sur le prix total du déchargement. Mais si, à Grenelle, les quais offraient douze pieds de plus d'élévation, au lieu de diminuer le prix du débarquement, il faudrait l'augmenter de 50 centimes. Ainsi, les quais insubmersibles de Grenelle chargeraient la marchandise de 75 centimes par tonneau en sus du prix qu'elle paierait dans un lieu où le niveau des eaux serait toujours le même relativement à la hauteur des quais.

Un autre vice non moins capital résulte des amas de sable qui existent à l'entrée et dans l'intérieur de la gare de Grenelle. Pour que les bateaux puissent y pénétrer en temps d'étiage, il faut alléger de dix-huit pouces sur le train d'eau de Vernon, qui sert de régulateur à toute la navigation de la Basse-Seine. En nétoyant l'entrée de la gare, on parviendra, pour quelque temps, à rendre cet inconvénient moins sensible. Mais les ensablements se renouvelleront sans cesse, et sans cesse l'obstacle existera.

Les entrepreneurs de Grenelle prétendent compenser ces inconvénients, que sans doute ils ne se dissimulent pas, par des avantages que, suivant eux, toute autre position ne présente pas. D'abord, ils se font un titre de la situation de leur emplacement relativement aux routes d'Orléans et du midi. Si cette circonstance pouvait être un motif et un élément de décision, il faudrait s'empresser de décider qu'on établira l'Entrepôt de Paris à l'extrémité du pays latin.

Mais voici un autre avantage de leur situation, que préconisent bien plus hautement encore les intéressés à la gare de Grenelle. Situé hors des murs d'enceinte de Paris, notre établissement, disent-ils, leur est cependant contigu; il présente, sous ce rapport, au commerce, un avantage de proximité qu'il ne saurait trouver dans les autres localités situées à de plus grandes distances des murs d'enceinte.

Cette objection serait spécieuse si la ville de Paris avait la forme d'un cercle dont le négoce occupât le centre, de sorte que les murs d'enceinte formant la circonférence fussent également distants de ce centre ; mais Paris n'a point été bâti suivant cette forme géométrique ; des hasards de localités, des convenances de position ont déterminé sa structure d'une manière irrégulière ; et, si l'on peut la comparer à une figure de géométrie, elle représente plutôt un ovoïde, dont le plus grand diamètre s'étend du sud-est au nord-ouest. A ce dernier point est situé Grenelle, tandis que le centre du négoce est fixé dans la partie opposée vers le nord-est. — La position de Grenelle, relativement aux murs d'enceinte, est donc une observation sans influence sur la question de l'Entrepôt. C'est relativement au quartier du négoce que cette position doit être appréciée ; et, à cet égard, il faut dire qu'il vaudrait autant placer l'Entrepôt à Aubervilliers, village distant de deux lieues des murs d'enceinte de Paris, que de le placer à la gare de Grenelle, malgré sa contiguïté avec ses murs.

La solution des difficultés suscitées par le choix d'un emplacement propre à l'Entrepôt est incontestablement ailleurs que dans cette considération.

Ainsi, la gare de Grenelle ne peut opposer à ses irrémédiables inconvénients aucun avantage réel. Le Gouvernement ne peut pas plus se déterminer dans une question aussi grave, par la commisération qu'inspirent ses actionnaires, que par les motifs allégués en faveur des canaux de St-Denis et St-Martin.

4° Reste LA GARE DE SAINT-OUEN! ..... Si, dans cette occasion, l'on pouvait faire une séparation des convenances de la navigation et de celles du commerce, nous ferions l'éloge du port que présente cet établissement, parce que, construit en réalité sur les principes des docks anglais, il ne peut donner lieu à toutes les objections qui s'élèvent contre les autres soi-disant docks, que déjà nous avons appréciés à leur juste valeur. Mais le commerce, auquel la navigation est naturellement subordonnée, veut et voudra toujours avoir sa marchandise sous sa main, le plus qu'il sera possible. Tant qu'il aura la faculté, moyennant un prix modique, de transporter sa marchandise du port St-Nicolas dans l'intérieur de la ville, il préférera cette voie; et le port St-Nicolas, comme port de débarquement, sera celui que demandera le commerce jusqu'à ce qu'on lui en procure un autre mieux en rapport avec ses magasins.

Est-ce donc que le port St-Nicolas, comme point de débarquement, serait une nécessité commerciale qu'on ne pourrait ni éviter ni remplacer? Non, sans doute; mais ce qui résulte pour nous des leçons de la pratique, combinées avec les enseignements de l'art, éléments qu'il ne faut séparer jamais en matière de commerce et de navigation, c'est que l'Entrepôt de Paris doit être placé dans l'intérieur de la ville, là où, voisin des quartiers Poissonnière et Montmartre, qui peuvent être considérés comme les centres du négoce, il soit facile de le mettre en communication avec un point du fleuve où le débarquement réunira les conditions d'économie et de sécurité.

C'est ce lieu, destiné à conserver tous les intérêts, qu'il nous faut maintenant rechercher, pour ne pas encourir le reproche d'avoir détruit sans savoir édifier.

2.

Il existe dans Paris un terrain qui nous semble réunir toutes les conditions nécessaires : nous voulons parler du CLOS ST-LAZARE ; situé dans le faubourg Poissonnière, distant de la bourse de quelques minutes, contigu aux quartiers où réside le négoce, il serait très facile, au moyen d'un chemin de fer, de le mettre en communication avec un point de la Seine, plus commode que le port St-Nicolas. Par ce moyen, dix minutes suffiraient pour transporter la marchandise du lieu de débarquement au magasin, dans le centre des opérations commerciales.

Qu'on choisisse, pour lieu de déchargement, un point quelconque du rivage, à l'endroit où la Seine, après avoir décrit un long détour, revient sur elle-même vers St-Ouen, en se rapprochant de l'enclos St-Lazare, et les perfectionnements de transport que donnent les chemins en fer et les machines à vapeur, feraient franchir en un instant le court espace qui séparerait l'Entrepôt de la rive.

L'établissement de chemins en fer serait facile et peu coûteux dans cette localité, puisqu'ils traverseraient un terrain absolument nu.

Nous ne sommes pas les premiers qui aient été frappés du rapport qui existe entre le centre du négoce et le point remarquable que nous indiquons comme terme de la grande navigation. C'est précisément dans cette direction, seulement un peu plus loin, dans la plaine de Genevilliers, qu'on proposait de placer les magasins du commerce lorsqu'on agitait la question du canal maritime. C'est encore la même idée qui a été appliquée, avec plus de justesse, par les particuliers qui ont exécuté le port de débarquement qui existe déjà à St-Ouen.

Si, outre ces convenances générales de position, on veut descendre dans l'examen détaillé des économies que procurerait l'établissement de l'Entrepôt dans l'enclos St-Lazare, on sera frappé des résultats auxquels il est possible d'arriver.

Du rivage de débarquement au clos St-Lazare, par le chemin en fer, le transport des marchandises ne coûterait pas plus de 50 centimes par tonneau ; aujourd'hui il en coûte 2 fr. au négociant, avant que la marchandise soit rendue en magasin.

Il y a mieux, le point d'arrivage des bateaux étant pris à sept lieues au-dessous du point actuel, le commerce trouverait, dans cette abréviation de route, une économie au moins égale aux 50 centimes que lui coûterait le transport en magasin. Ainsi, la marchandise rendue à l'Entrepôt, emmagasinée, ne reviendrait au négociant qu'au prix auquel elle revient aujourd'hui à l'instant où il la prend sur le port St-Nicolas.

On dira sans doute qu'il n'en coûte pas moins aujourd'hui pour faire porter la marchandise à St-Ouen que pour la rendre au port St-Nicolas. Cela est possible aujourd'hui, lorsqu'on prend un bateau à l'occasion, en lui donnant des parties de chargement pour le port St-Ouen, pour qu'il aille ensuite achever son débarquement à Paris. Mais, s'il existait une navigation permanente, constamment approvisionnée pour St-Ouen, et s'arrêtant constamment à ce terme, il est certain qu'elle deviendrait plus économique que celle qui a le port St-Nicolas pour destination, et que le commerce sentirait bientôt les effets de cette règle, que le prix du transport doit être en raison de la distance.

L'économie du déchargement serait non moins sensible dans le système que nous proposons. Si la mise à terre occasionne une augmentation de 25 centimes par tonneau au port St-Nicolas, à raison des variations du niveau de la Seine; si, à la gare de Grenelle, le commerçant aurait à subir une nouvelle augmentation de 50 centimes à raison de la surélévation des quais, là où des bassins maintiendraient toujours les bateaux à un niveau d'eau immuable proportionné à la hauteur des quais, il y aurait évidemment économie de 75 centimes par tonneau.

On a parlé des crues d'eau, des glaces à craindre sur les rives de St-Ouen. Quant aux crues d'eau, elles ne sont pas à redouter lorsqu'on débarque la marchandise dans des bassins dont le niveau constant s'élève à quatre pieds au-dessus des quais St-Nicolas, et lorsque les terrains environnants dominent encore de deux à trois mètres le niveau d'eau des bassins.

Quant aux glaces, si l'on a dit que les eaux courantes de Grenelle gelaient plus tard que les eaux dormantes des bassins, il faut dire aussi que les cargaisons débarquées à la gare de Grenelle seront gelées trente-six heures avant celles qui auront St-Ouen pour destination, puisque les dernières, en raison de la distance, seront arrivées trente-six heures avant les premières.

D'ailleurs, en prolongeant le chemin de fer jusqu'au bord du fleuve, on aurait l'avantage de pouvoir, au besoin, placer immédiatement la marchandise sur les charriots de l'Entrepôt, sans avoir recours à l'intermédiaire des bassins. De cette façon, la marchandise serait rendue en magasin trente-six heures avant que celle partie de Rouen à la même époque, et destinée pour Grenelle, ne fût seulement mise sur le quai.

Ainsi, l'Entrepôt de Paris, établi dans l'enclos St-Lazare, réunirait les convenances les plus précieuses pour le commerce, la promptitude, la sécurité, l'économie du transport et la proximité du centre des affaires.

Par la discussion dans laquelle nous venons d'entrer, nous croyons avoir suffisamment établi combien l'emplacement que nous citons l'emporte sur tous les autres qui sont proposés. Cependant, nous nous sommes arrêtés uniquement aux considérations que fournit l'état présent du commerce.

Si, portant plus loin nos regards, nous avions voulu songer tant soit peu à l'avenir, nous aurions eu à produire des considérations encore plus puissantes pour déterminer le choix en faveur de ce lieu.

Ne viendra-t-il pas un temps où les yeux cesseront d'être fermés sur l'immense avantage que possède la ville de Paris, par sa position sur un fleuve qui amène jusqu'à ses portes les richesses du commerce maritime ?

Il ne sera point alors regardé comme inutile, pour la balance commerciale, de posséder un cours d'eau naturel, unique peut-être sur le globe par les avantages qu'il réunit ; de pénétrer jusqu'au cœur de l'État par une voie de cent lieues d'eaux paisibles, par une pente insensible, un lit exempt de dangers, un chenal de six pieds de profondeur , une suite continue de rives où partout s'applique la force motrice des chevaux , c'est-à-dire le mode de transport le plus économique qui puisse jamais être créé.

Alors, on cessera de s'enticher en faveur des ridicules perfectionnements promis par le charlatanisme des canaux maritimes ou calédoniens , avec leurs voies économiques qui tendent à doubler et quadrupler le prix du transport. On cessera de voir , en rêve, s'établir, sur la populeuse rivière de Seine , un système de navigation qui n'est propre qu'aux vastes cours d'eau des déserts de l'Amérique, là où nul autre moyen moins coûteux ne peut suppléer les dispendieux bateaux à vapeur. Alors, les hommes appelés à ménager les intérêts de la France s'apercevront enfin que le premier perfectionnement à introduire est celui du beau canal naturel que le monde lui envie, et près duquel il est si misérable l'art funeste de ruiner les peuples , en détournant le cours de leurs rivières.

Il ne sera plus besoin, pour hâter l'extension de notre négoce, de nous éblouir par la fantasmagorie des vaisseaux de l'Océan arrivant à pleines voiles sous les murs de Paris ; et, à part le pittoresque de la spéculation, un calcul exact d'économie commerciale n'autorisera plus la conception qui fait remonter à Paris le vaisseau qui a doublé le cap de Bonne-Espérance. Le Hollandais a-t-il jamais songé à augmenter son commerce en métamorphosant ses fleuves en canaux maritimes ?

Mais ne rappelons pas davantage des spéculations tombées dans un oubli dont il faut espérer qu'on n'essayera plus de les tirer.

D'assez grandes améliorations ont déjà été introduites dans le système de la navigation de la Seine, pour qu'elle ne craigne pas de rivaliser avec le Rhin.

Le Négociant de Paris a maintenant une route plus économique que celui d'Anvers, de Rotterdam ou d'Amsterdam, pour faire passer chez lui les denrées des zones équatoriales , qu'appellent les consommations de la Suisse et de l'Allemagne occidentale. Que des chemins en fer complètent, de Paris à la frontière, le perfectionnement de la grande direction commerciale, dont la Seine accomplit la moitié jusqu'à Paris : que les améliorations s'achèvent sur la Seine elle-même, et réduisent encore considérablement le prix du transport, comme il est possible de le faire : la France sera bientôt l'Entrepôt où la moitié de l'Europe s'approvisionnera de denrées exotiques.

La capitale de la France, dans ce grand mouvement des affaires, cherchera de quel côté elle doit étendre le corps de sa population commerciale, pour ne point la diviser en parties incohérentes, pour ne point laisser dans un abandon ruineux les anciens établissements isolés des nouvelles créations ; elle regretterait que les constructions de nos jours fussent perdues pour l'avenir.

Et de quel côté pourrait-elle plus favorablement s'étendre, si ce n'est vers la localité que nous indiquons ? L'enclos St-Lazare offre un terrain tout prêt à recevoir de vastes magasins d'Entrepôt contigus aux quartiers habités par les négociants ; un chemin en fer, mené à la rive, le mettra en communication avec le fleuve, par le procédé le plus parfait que fournisse le progrès des arts. Enfin, libres des embarras du reste de la ville, les terrains d'alentour, jusqu'au rivage prochain, laissent un vaste champ aux accroissements du commerce de Paris, à mesure qu'il accroîtra ses relations avec la mer et avec l'intérieur du continent européen.

ROUEN. IMP. DE NICÉTAS PERIAUX, RUE DE LA VICOMTÉ, N° 55.
(Février 1832.)